LE CONTRE-AMIRAL

MARQUIS DU BOUZET

SAINT-GERMAIN

DE L'IMPRIMERIE L. TOINON ET Cᵉ,

RUE DE PARIS, 80

1868

LE CONTRE-AMIRAL

MARQUIS DU BOUZET

IMPRIMERIE L. TOINON ET C°, A SAINT-GERMAIN.

MARQUIS DU BOUZET

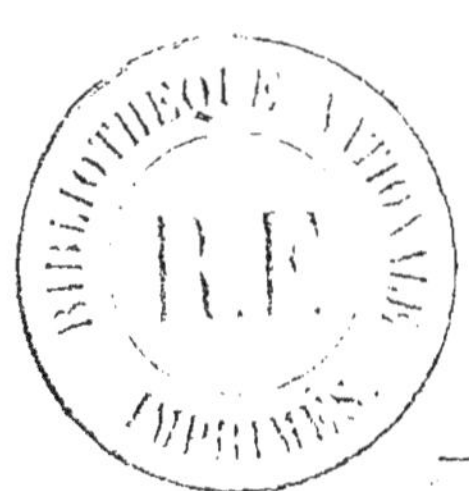

SAINT-GERMAIN

DE L'IMPRIMERIE L. TOINON ET Cᵉ,

RUE DE PARIS, 80

—

1868

LE CONTRE-AMIRAL

MARQUIS DU BOUZET

La marine vient de faire une nouvelle perte : le contre-amiral marquis Du Bouzet a succombé le 22 septembre 1867 à la maladie qui, depuis plus de quatre années déjà, le condamnait à un repos prématuré. Le contre-amiral du Bouzet (Joseph-Fidèle-Eugène) était né à Paris le 19 décembre 1805. Dès sa jeunesse il montra les plus heureuses dispositions pour les sciences abstraites et une vocation précoce pour l'état auquel sa famille le destinait, en vue de remplir les intentions de son grand-père, le marquis Du Bouzet, chef de division des armées navales, qui a fourni dans la marine une longue et honorable carrière.

Le jeune Du Bouzet, sorti du collége d'Angoulême le 1er mai 1822, avec le titre d'élève de 2e classe, débuta sur la frégate la *Thétis* par un

voyage autour du monde, sous les ordres du capitaine de Bougainville. A son retour en France, en
1826, le commandant de l'expédition lui donna
la note suivante, que nous croyons devoir citer,
parce qu'elle montre ce que promettait Du Bouzet
dès le début de sa carrière : « Excellent jeune
homme, d'une douceur et d'une égalité de caractère très-rares, a beaucoup travaillé et m'a donné
de tout point satisfaction ; il s'est fort exercé aux
observations astronomiques. »

Nommé enseigne de vaisseau le 29 octobre 1826,
et lieutenant de vaisseau le 26 avril 1831, il fit
partie jusqu'en 1833 de la station du Levant, et
fut embarqué successivement sur les bricks le
Loiret et la *Flèche*, la frégate la *Bellone*, les
bricks le *Grenadier* et la *Comète*. Dans la campagne de Morée, il était sous les ordres du capitaine
Leray et sut se faire remarquer de l'amiral de
Rigny, commandant de l'escadre.

Le 29 mars 1834, il obtint le commandement de
la gabare la *Lionne*, en station sur les côtes de
l'Algérie, et eut l'occasion, l'année suivante, de
rendre des services importants à nos troupes dans
le port d'Arzew, après l'affaire malheureuse du
général Trézel.

Le 12 juin 1837, il fut embarqué comme second
sur la frégate la *Zélée*, et fit sur ce bâtiment, con-

serve de l'*Astrolabe*, la longue et périlleuse expédition au pôle Sud, commandée par M. le capitaine de vaisseau Dumont d'Urville, dont il mérita les éloges.

De retour à Toulon le 1er décembre 1840, il était promu capitaine de corvette le 21 du même mois, et nommé, le 24 mars 1841, au commandement de la corvette l'*Allier*, qui appareilla le 6 juin de la même année pour la Nouvelle-Zélande. Le 1er mai 1842, il quitta, en mer, le commandement de ce bâtiment pour prendre celui de l'*Aube*, sur lequel il termina sa campagne dans les divers archipels de l'Océanie. En passant aux îles Wallis, il parvint, avec autant de prudence que d'habileté, à recueillir les restes d'un de nos missionnaires, le père Chancel, qui avait été assassiné par les naturels. Avant de quitter le commandement de l'*Aube*, il fit encore un voyage aux Antilles et rentra à Brest le 1er juillet 1843.

Après quelque temps d'un repos bien nécessaire après cette fatigante campagne, il fut appelé au commandement de la corvette la *Brillante*, destinée à la station des mers du Sud.

Pendant cette longue campagne de quatre années dans l'océan Pacifique, il sut se tirer des circonstances les plus embarrassantes et les plus graves avec le tact et le mérite dont il avait déjà donné des preùves dans ses précédents voyages.

A son passage dans la Nouvelle-Calédonie, qui ne nous appartenait pas encore, il réussit à retirer plusieurs de nos missionnaires des mains des indigènes, où ils couraient grand danger d'être massacrés. La sagesse et la fermeté du commandant Du Bouzet en cette circonstance lui valurent un témoignage de satisfaction de la part du ministre de la marine.

Une note de l'amiral Legoarant de Tromelin, commandant en chef la station navale de l'Océanie, mérite d'être rapportée, car elle donne une juste idée du caractère de M. Du Bouzet, et montre comment il était apprécié de ses chefs et de ses camarades.

« Aussi modeste qu'habile, M. Du Bouzet, dans les rapports qu'il m'a adressés de ses différentes relâches, cherche toujours à mettre en évidence le mérite de ses officiers, sans penser à s'attribuer la plus grande part de la réussite. Doué d'une organisation parfaite, avec une justesse et une promptitude de coup d'œil peu ordinaires, cet officier supérieur présente pour son avancement les titres les plus puissants. Il jouit d'une réputation bien méritée de bon marin, et le corps entier de la marine professe pour lui une estime générale dont il est digne sous tous les rapports. »

Il fut promu capitaine de vaisseau le 22 juillet 1848, avant d'avoir terminé cette campagne.

De retour en France, le 19 juin 1849, il fut associé aux travaux de la commission chargée de la révision du Code pénal maritime, et de 1851 à 1853, il fit une nouvelle station dans le Levant, d'abord comme commandant de la frégate la *Pandore*, puis du *Gomer*.

En 1854, le gouvernement de nos établissements de l'Océanie et le commandement de la subdivision navale de ces parages devinrent vacants. On jeta les yeux sur le capitaine de vaisseau Du Bouzet, qui avait acquis une grande expérience de ces pays dans ses précédentes navigations. Appelé à ce poste important le 22 mars 1854, il mit son guidon sur la corvette l'*Aventure*, et appareilla le 10 juin pour l'Océanie.

Il s'arrêta à Taïti pour y installer le commandant particulier de cette colonie, M. Roy, capitaine de frégate, et parut à Port-de-France le 19 janvier 1855. Nous venions de nous emparer de cette colonie ; le gouverneur, désirant en étudier les ressources, fit le tour de l'île et fut bientôt fixé sur le parti qu'on pourrait tirer de cette nouvelle possession, si admirablement placée sur la route d'Australie en Amérique. Il y séjourna quatre mois, et après y avoir installé le chef de bataillon

Testard, comme commandant particulier, il quitta Port-de-France à la fin d'avril, sur l'*Aventure*, pour continuer sa tournée en Océanie.

Dans la nuit du 28 au 29 avril, le bâtiment, entraîné par de forts courants ignorés sur ce point, se jeta sur les récifs de coraux qui entourent l'île des Pins, et que l'obscurité de la nuit empêchait d'apercevoir. En face d'une circonstance aussi dangereuse, M. Du Bouzet fut admirable de présence d'esprit, de courage et de sang-froid. « Tout son monde le tenait en haute estime jusqu'à ce jour, écrit un témoin de la catastrophe ; mais dès ce moment, il a doublé de valeur dans tous les esprits. C'est dans de pareils événements qu'un grand caractère se montre ! » Le navire était perdu sans ressources ; le sauvetage s'exécuta dans le plus grand ordre. Le commandant Du Bouzet quitta le dernier son bâtiment, et lorsqu'il eut abordé à la plage, il fut entouré de tout son monde, aux cris de *Vive l'Empereur ! Vive le Commandant !*

Les naturels de l'île des Pins se montrèrent bienveillants et empressés ; les missionnaires, établis dans l'île depuis 1848, pourvurent aux premiers besoins des naufragés, qui purent regagner Port-de-France, quelques jours après le sinistre, sur les bâtiments de la station locale envoyés à leur secours.

Conformément à nos lois militaires, le commandant Du Bouzet vint en France pour rendre compte devant un conseil de guerre de la perte de l'*Aventure*. Il fut acquitté honorablement, à l'unanimité.

Nous ne pouvons résister au désir de rapporter un passage de l'allocution que lui adressa à cette occasion M. le contre-amiral Jehenne, président du conseil de guerre :

« ... Reprenez donc, Monsieur le commandant, cette épée que je suis si heureux de remettre entre vos mains pour le service de la France et de l'Empereur : que mon exemple raffermisse votre foi en l'avenir ; et si jamais, au souvenir d'un jour néfaste, vous sentiez naître en vous un peu de découragement, rappelez-vous « *qu'il est dans la vie* » *du marin des revers qui ne font que grandir aux* » *yeux de ses chefs et de ses camarades celui qui,* » *comme vous, les a supportés noblement.* » Ces belles paroles, qui me furent dites par S. M. l'Empereur, après mon naufrage du *Henri IV*, Monsieur le commandant, vous sont parfaitement applicables. »

Le 17 octobre 1856, M. le capitaine de vaisseau Du Bouzet partit pour aller reprendre son commandement, qu'il ne quitta que le 8 septembre 1858. Rentré en France au mois de mars 1859, il y apprit qu'il avait été promu au grade de contre-amiral le 7 novembre 1858. C'est à peine s'il eut trois mois pour prendre quelque repos : le 25 juin 1859, il fut envoyé comme commandant supérieur de la marine en Algérie ; puis, le 21 mars 1860, il fut nommé au commandement en chef de la division navale du Brésil et de la Plata, qu'il conserva jusqu'au 30 mars 1863.

Ce fut sa dernière campagne ; elle lui valut le grade de grand officier de la Légion d'honneur.

On ne le sait que trop : les hommes de mer s'usent vite, surtout lorsque, comme le contre-amiral Du Bouzet, à moins de cinquante-huit ans, on compte déjà plus de quarante ans de services effectifs dont trente à la mer. Sa santé était épuisée, et malgré tous les soins dont il était entouré, il succomba, le 22 septembre, aux étreintes de la maladie, à l'âge de soixante-deux ans.

Voilà ce qu'a été le marin. Quant à l'homme, tous ceux qui ont eu avec lui quelques relations savent l'aménité de manières et la courtoisie qui le distinguaient. Doué d'une instruction aussi variée que solide, d'une honorabilité de caractère sans rivale, d'une modestie allant presque jusqu'à la timidité, le contre-amiral Du Bouzet ne laisse que des amis. En 1844, il avait épousé la fille de l'amiral Tchitchagow, ancien ministre de la marine en Russie.

(Extrait du Moniteur de la Flotte.)

Le contre-amiral marquis Du Bouzet, dont nous avons annoncé la mort récente, était un des survivants du dernier voyage de Dumont d'Urville au pôle Sud. Sa carrière a été celle d'un navigateur ayant la passion des grands voyages et de l'étude des pays lointains. Élève de l'école navale d'Angoulême, il rentrait en France à vingt ans avec le grade d'enseigne, après quatre ans de mer et un voyage autour du monde sous les ordres de M. de Bougainville. Dans l'expédition d'Urville, il fut choisi comme second sur la *Zélée*. Son habileté et sa constance dans ce long et dangereux voyage avaient été tellement appréciées par M. d'Urville, que ce grand navigateur voulait se le donner comme successeur dans ses voyages de découverte, et qu'il travaillait dans ce but, lorsque la mort le frappa.

Depuis lors, sauf une campagne dans le Levant, sous les ordres de l'amiral Romain-Desfossés et son dernier commandement au Brésil, la vie de M. Du Bouzet se passe dans la mer du Sud, dont il avait fait en quelque sorte son domaine. Citons entre autres sa belle campagne sur la *Brillante*,

où il rendit de nombreux services au commerce et
prêta à nos missions en Océanie un appui que le
souverain pontife reconnut en le nommant com-
mandeur de l'ordre de Saint-Grégoire. Citons encore son commandement de la division navale et
son gouvernement des établissements français en
Océanie. Dans ces colonies, si éloignées les unes
des autres, il eut besoin de toute son activité et
fit connaître son talent d'administrateur. C'est lui
qui a fondé le premier établissement permanent
dans la Nouvelle-Calédonie et qui a le plus con-
tribué à signaler au gouvernement l'importance
de cette colonie. Ce fut sur un des récifs de cette
île que se perdit l'*Aventure*, qui portait son guidon. Le sang-froid qu'il montra dans cette circonstance fut récompensé par un acquittement à
l'unanimité, et bientôt après par le grade de contre-amiral.

Lorsque M. Du Bouzet reçut le commandement
de la division navale du Brésil et de la Plata, les
fatigues de la mer avaient déjà altéré sa constitu-
tion. Les besoins du service ayant fait prolonger
d'une année son commandement, il ne voulut pas
solliciter son rappel, et suppléant à la force par la
volonté, il avança la fin de sa vie pour remplir
jusqu'au bout son devoir. Il revint en France
en 1863, frappé d'une maladie progressive et in-

curable. Il perdit peu à peu le mouvement et presque la parole. Prisonnier dans son propre corps,
il ne lui restait que l'intelligence et la volonté,
avec une douceur inaltérable dans la souffrance et
en face de la mort.

L'Empereur l'avait nommé grand officier de la
Légion d'honneur.

Il avait la passion du devoir, la passion des
voyages et de l'étude. Il savait toutes les langues
de l'Europe, l'arabe et le grec moderne. A l'étude
constante de son art de marin, il joignait des con-
naissances approfondies sur le droit des gens,
l'histoire, le commerce, les questions coloniales
et les sciences naturelles. D'un sens droit et d'un
esprit réfléchi, d'un caractère très-ferme et conci-
liant, c'était un homme complet, qui a rendu des
services à son pays, et qui, si sa carrière n'eût
été brisée par la maladie, aurait pu en rendre de
plus grands.

(Extrait du *Moniteur universel*.)

Imprimerie L. Toinon et Cie, à St-Germain.

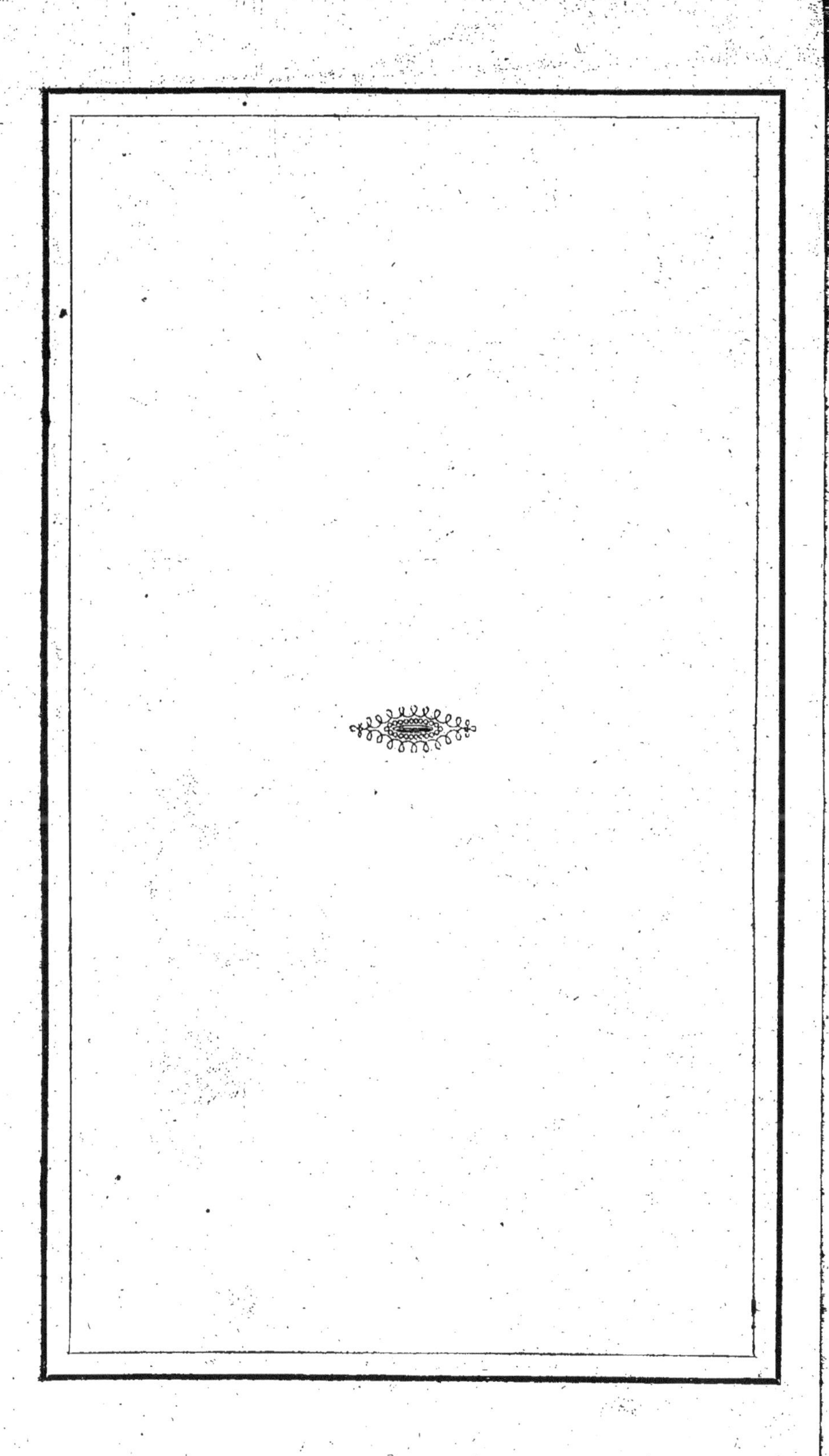

www.ingramcontent.com/pod-product-compliance
Ingram Content Group UK Ltd.
Pitfield, Milton Keynes, MK11 3LW, UK
UKHW020127100726
13658UKWH00005B/2396